Победа смерти
Triumph of Death
Федор Сологуб
Fyodor Sologub

Triumph of Death
Copyright © JiaHu Books 2016
First Published in Great Britain in 2016 by JiaHu Books – part of
Richardson-Prachai Solutions Ltd, 434 Whaddon Way, MK3 7LB
ISBN: 978-1-78435-202-8
Conditions of sale
All rights reserved. This book or any portion thereof
may not be reproduced or used in any manner whatsoever
without the express written permission of the publisher
except for the use of brief quotations in a book review.
A CIP catalogue record for this book is available from the British
Library
Visit us at: jiahubooks.co.uk

Предисловие	5
Змеиоокая в надменном чертоге	7
Победа Смерти	
Действующие лица	17
Действие первое	19
Действие второе	31
Действие третье	39
Примечание	47

Посвящаю моей сестре

Предисловие

Автор трагедии заменил маску полумаскою, но всё ещё не открывает своего лица. Он хочет, чтобы его узнали по улыбке, змеящейся в углах его губ. Если же не узнают... Всеми словами, какие находит, он говорит об одном и том же. К одному и тому же зовёт он неутомимо. Если же не слышат... Разве стихи его не прекрасны? Разве проза его не благоуханна? Разве не обладает он чарами послушного ему слова? Улыбается, и проходит, закутавшись в тёмный плащ. И Она с ним, Змеиноокая.

1907. Ноябрь

Трагедия в трёх действиях «Победа смерти» впервые была опубликована в отдельном издании в начале 1908 года (СПб., изд-во «Факелы»). Затем была воспроизведена в составе двух Собраний Сочинений (1910 и 1913).

Змеиноокая в надменном чертоге

Пролог трагедии «Победа смерти»

Действующие лица:

КОРОЛЬ.
АЛЬДОНСА, именуемая королевою Ортрудою.
ДУЛЬЦИНЕЯ, именуемая Альдонсою.
ДАГОБЕРТ, паж.
ПОЭТ, в сюртуке.
ДАМА, в шёлковом платье.

Сени королевского замка. Стены сложены из громадных, грубо стесанных камней. В передней стене — огромная арка входа, через которую и видно зрителям сени. Спереди широкая и пологая лестница до партера, который соответствует внутреннему двору замка; по середине вышины лестницы — неширокая площадка, и от неё отделяются направо и налево две лестницы поуже, — они ведут под боковые стены к наружным дворам замка. В глубине и по бокам сеней массивные колонны. От сеней подымаются вверх три короткие лестницы: средняя широкая — в зал пиров и торжественных приемов, две боковые — узкие, из них правая ведёт в королевскую почивальню. Часть лестницы освещена луною. На ступеньках сидит Король. Всматривается в темноту неосвещенного двора и говорит тихо, словно разговаривая с каким-то незримым собеседником.

КОРОЛЬ. Кто зовёт меня, — не знаю, и к чему зовет, — не могу понять. Темный призрак, чего ты от меня хочешь? Невнятен твой голос и темно лицо твое, словно туманною закрытое личиною. И не знаю, зачем я пришел сюда, в это темное и полное полуночных страхов пространство. Вещая, ширококрылая птица разбудила меня, и я ушел из моей опочивальни, оставив на моем ложе мою милую супругу, сладкому отдавшуюся сну. И вот я здесь, и мнится мне, что передо мною множество неведомых лиц. Словно весь двор моего наследственного чертога наполнился, и изо всех окон, и с галерей, и с балконов смотрят на меня бледные тени давно почивших. Слушают, — и молчат. Смотрят на меня, — и ничего мне не скажут. Страшное равнодушие, томительное безучастие пришедших!

По боковой лестнице поднимается Дульцинея. Она имеет облик крестьянской бедной девушки, и все здесь зовут её Альдонсою. На ней бедная, в лохмотьях, одежда; волосы её полуразвиты; руки у неё обнажены и ноги босы. На плече несёт она коромысло с двумя ведрами.

ДУЛЬЦИНЕЯ. Как я устала! Боже мой, как я устала! Они заставляют меня ходить к источникам мертвой и живой воды, и когда я приношу наполненные ведра, они говорят, что эта вода моя не годится для питья. Они заставляют меня мыть ею полы, а меня бьют за то, что я приношу им воду горькую и терпкую. И не знают, что полные ведра сладкой воды я приношу им. И я устала.

Ставит ведра на нижнюю ступень. Садится на лестницу близ короля, долго смотрит на него молча и наконец говорит ему тихо:

ДУЛЬЦИНЕЯ. Не ты ли король, обитающий в этом надменном чертоге и владеющий этою темною страною?

КОРОЛЬ. Да, змеинookая, я — король этой страны, но

страна моя светлая.

Всматривается в неё и говорит:

КОРОЛЬ. Я узнаю тебя. Ты — крестьянская девка Альдонса, та самая, над которой смеются мальчишки за то, что безумец называл тебя сладким именем Дульцинеи, милой очаровательницы, прекраснейшей из дев на земле. Ты научилась колдовать и ворожить, змеиноокая, но не нашла себе жениха.

ДУЛЬЦИНЕЯ. Я жду короля и поэта, которые увенчают меня. Увенчают красоту и низвергнут безобразие. Отринут обычное и к невозможному устремятся.

КОРОЛЬ. Ведра твои стоят пусты, пославшие тебя ждут воды и будут бить тебя, если ты замедлишь на дороге. Возьми свои ведра, положив коромысло на молодое, смуглое плечо, иди за водою, служи усердно тому, кто тебя нанял за малую плату.

ДУЛЬЦИНЕЯ. За малую плату!

КОРОЛЬ. Полновесного и звонкого золота не стоит твой рабский труд. Грубые объятия хозяйского сына в темных сенях, где пахнет козлом и собакой, — вот достойная тебя награда. Научилась ты ворожить, — но что же пользы в твоих волхвованиях!

ДУЛЬЦИНЕЯ. Сюда идёт поэт, — и вместе с ним ты должен увенчать меня, Дульцинею.

КОРОЛЬ. Иди за водою.

ДУЛЬЦИНЕЯ. Вот твоя милость, король! Усталую, посылаешь ты меня снова. Исполню твою волю, принесу воды живой и принесу воды мертвой. А теперь, король, возьми от меня этот малый дар.

Даёт ему амулет. Уходит с вёдрами на коромысле.

КОРОЛЬ. Что дала она мне, волшебница? Злые чары в этом амулете? Или благое нечто? Но надену его на шею.

Надевает амулет на шею.

КОРОЛЬ. Все легко и все свободно становится вокруг меня. Легкая, такая легкая жизнь! Легкая, такая легкая смерть! И сладким сном становится все предстоящее. Золотым сном.

Склоняется на ступени. Входит паж Дагоберт.

ДАГОБЕРТ. Король очарован змеиным взором Альдонсы и спит на ступенях. Королева Ортруда одна. Судьба благоприятствует мне.

Тихо уходит в королевскую опочивальню. Входят поэт и дама.

ПОЭТ. Нам попался очень хороший извозчик.

ДАМА. Да, он ехал очень быстро. Ветер шумел в ушах, и замирало сердце. Но он странный. Точно мертвый сидел. Господин поэт, куда он нас завез? Здесь тихо, темно и неподвижно.

ПОЭТ. Это — кабачок. Но извозчик мне нравится. В стихотворении, которое я напишу об этой поездке, я назову его тройкой.

ДАМА. На вашем месте, господин поэт, я назвала бы его автомобилем.

ПОЭТ. Нет, моя госпожа, лучше тройка. И я нашел к этому слову хорошие рифмы.

ДАМА. Какие, господин поэт?

ПОЭТ. «Чародейка» и «водка».

ДАМА. Это хорошие рифмы, господин поэт.

ПОЭТ. Но мне нравится только первая. А к слову «автомобиль» нет таких хороших рифм.

ДАМА. А может быть и есть.

ПОЭТ. Какая рифма?

Слышен бесстрастный голос:

— Смерть.

ДАМА. Вы слышали?

ПОЭТ. Слышал. Кто-то спрятался и шутит.

ДАМА. Кто-то сидит на ступеньках.

ПОЭТ. Это швейцар.

ДАМА. Господин поэт, вы близоруки. Посмотрите хорошенько, это — король.

ПОЭТ. Моя госпожа, вы ошибаетесь: короли не сидят на ступеньках.

ДАМА. Может быть, вы правы, господин поэт. Но здесь скучно и страшно.

ПОЭТ. Мы выпьем вина и поужинаем.

Обращаясь в пространство, к партеру, зовет:

ПОЭТ. Человек!

Ждут. Всматриваются в темноту.

ДАМА. Как здесь темно!

ПОЭТ. Так надо. Сейчас зажгут электричество. Человек!

Выходит Дульцинея, сгибаясь под тяжестью коромысла.

ПОЭТ. Милая девушка, вы здесь подаете на стол? Дайте нам карточку.

ДУЛЬЦИНЕЯ. Я принесла полные ведра живой и мертвой воды.

ПОЭТ. В этом кабачке свой язык. Это — красное и белое вино. Моя госпожа, вы какого хотите?

ДАМА. Я хочу белого.

ПОЭТ. Это здесь называется, очевидно, мертвою водою. Милая девушка, налейте нам мертвой воды.

Дульцинея подходит. Черпает ковшом, подаёт поэту. Тот слегка отстраняется.

ПОЭТ. Неужели вино подается здесь в ведрах? Неужели его надо пить только из ковша?

ДАМА. Мне кажется, это оригинально.

ПОЭТ. Мне кажется, это противно.

ДАМА. Вы правы, господин поэт. Оригинально, но противно. Мы не будем пить этой грязной воды из этих неопрятных ведер, из этого ржавого ковша.

ДУЛЬЦИНЕЯ. Вы ошибаетесь, моя милая. Это живая и мертвая вода, и вам следовало бы её выпить. Вы бы увидели себя в волшебном зеркале.

ДАМА (*капризно*). Не хочу.

ДУЛЬЦИНЕЯ. Господин поэт, я ждала вас долго. Вы пришли сюда в глубину времен…

ПОЭТ (ДАМЕ). Этот кабачок называется «В глубине времен».

ДУЛЬЦИНЕЯ *продолжает*:

…для того, чтобы воспеть меня, прекраснейшую из земных дев, очаровательницу Дульцинею, которую здесь, в этой темной стране, неправо называют Альдонсою.

ПОЭТ. Я пришел сюда не для этого.

ДУЛЬЦИНЕЯ. Воспойте меня, господин поэт, и тогда король меня увенчает. Воспойте меня, милый поэт, и тогда юноша меня полюбит. Воспойте меня, милый и прекрасный поэт, и тогда для всех откроется мое настоящее имя.

ПОЭТ. Вы самозванка. Настоящая Дульцинея живёт в надменном чертоге. Она не таскает тяжелых ведер. На её ногах — атласные башмаки, шитые жемчугом.

ДУЛЬЦИНЕЯ. Господин поэт, смотрите в мои глаза и слагайте мне стихи.

ПОЭТ. Я боюсь твоих глаз, змеиноокая. Я уже напечатал все мои стихи, и у меня нет новых.

ДУЛЬЦИНЕЯ. Господин поэт, вы, однако, не уйдете от моих чар. И эта чужая вам не поможет. Сядьте на ступени и смотрите на то, что здесь произойдет.

ПОЭТ. Я чувствую странную усталость. Сядемте здесь, моя госпожа: эта странная девица обещает нам зрелище.

ДУЛЬЦИНЕЯ. От вас самих зависит, чтобы это было только зрелище, или чтобы это стало мистериею.

ПОЭТ. Она говорит об интимном театре. Посмотрим.

Король продолжает дремать посреди лестницы. Поэт и его дама садятся у колонны справа, прижимаясь друг к другу, и смотрят на зрелище, как на золотой сон.

ДУЛЬЦИНЕЯ. Тяжко дремлет король, — и не хочет меня увенчать. Усталый склонился поэт на ступени чертога, прижимаясь плечом к плечу своей случайной спутницы, — и не хочет воспеть меня, и не узнает Дульцинеи. Призову юных и прекрасных, сладкие тайны любви вознесу к высокому блаженству.

Дульцинея обращается лицом к королевской опочивальне и зовет.

ДУЛЬЦИНЕЯ. Альдонса, именуемая королевою Ортрудою! И ты, юный паж Дагоберт! Идите ко мне.

На верху лестницы показываются королева Ортруда и паж Дагоберт.

ДАГОБЕРТ. Милая госпожа моя Ортруда, зачем ты вышла сюда? Король, очарованный змеиными очами безумной Альдонсы, дремал бы долго и не помешал бы нам насладиться сладкою нашею любовью.

ОРТРУДА. Кто-то звал меня, и так повелителен был зов.

ДАГОБЕРТ. И она здесь, змеиноокая!

ДУЛЬЦИНЕЯ. Милый Дагоберт, разве ты не знаешь, кого ты любишь?

ДАГОБЕРТ. Я люблю королеву Ортруду. И она меня любит.

ДУЛЬЦИНЕЯ. Разве ты не видишь, что это Альдонса? Глаза её тусклы, и голос её чрезмерно звонок. Люби меня, милый отрок, меня, прекрасную Дульцинею. Отвергни королеву, отдай её супругу.

ОРТРУДА. Она безумная. Не слушай ее, Дагоберт.

ДУЛЬЦИНЕЯ. Молчи!

Королева молча склоняется рядом с королем на ступени, и зачарованным смотрит взором на зрелище.

ДУЛЬЦИНЕЯ. Люби меня, милый Дагоберт.

ДАГОБЕРТ. Ты красавица, милая Альдонса. И ты умеешь очаровать. Вот сидят на ступенях они, зачарованные тобою. Ты и меня зачаруешь, хитрая Альдонса?

ДУЛЬЦИНЕЯ. Не зови меня Альдонсою. Я Дульцинея.

ДАГОБЕРТ. Все знают, что ты — Альдонса. Но мне все равно. Я буду звать тебя, как ты хочешь. Меня от этого не убудет.

Обнимает Дульцинею и хочет её поцеловать. Дульцинея отстраняется. Говорит тихо:

ДУЛЬЦИНЕЯ. И ты мне не веришь. И самая страшная насмешка надо мною в том, что ты назовешь меня именем, которое принадлежит мне, но которому ты не веришь. Такой любви мне не надо. Вернись к своей милой.

Дагоберт садится рядом с Ортрудою, обнимает её и дремлет на её плече.

ДУЛЬЦИНЕЯ. Опять зрелище остается зрелищем, и не становится мистериею. Опять не увенчана, не воспета, не полюблена истинная красота этого мира, очаровательница Дульцинея, во образе змеиноокой Альдонсы. И великая во мне усталость, и великая тоска. Но не могу и не хочу оставить моего замысла. Неутомимая, буду стремиться к тому, чтобы увенчана была красота и низвергнуто безобразие. Неустанно в разных образах явлюсь поэту, любовнику и королю. Воспой меня, — скажу, — полюби меня, увенчай меня. Иди ко мне, иди за мною. Только я жива в жизни и в смерти, только во мне жизнь, только мне последняя победа. Вот, приму образ рабыни и Альгисту пошлю на великий подвиг, на исполнение моего вечного замысла. С её девственной свежестью сочетаю мои вечные чары, — победа ли жизни, победа ли смерти, но победа будет моя.

Победа Смерти

Действующие лица:

КОРОЛЬ ХЛОДОВЕГ.

БЕРТА, его жена.

АЛЬГИСТА, её служанка.

МАЛЬГИСТА, мать Альгисты.

ЭТЕЛЬБЕРТ, брат Берты.

ЛИНГАРД, паж.

Рыцари, дамы, пажи, слуги и служанки.

Действие первое

Те же сени слабо освещены факелами, вставленными в железные кольца у колонн. Из дверей в зале слышатся громкие голоса пирующих, песни, смех, звон бокалов.

Песня *(в зале).*

В чаше крепкое вино

Горько! горько! горько!

Королева под фатой —

За туманом зорька.

Но в фате для короля

Развернется складка.

Целовать жену в уста

Сладко! сладко! сладко!

Альгиста и Мальгиста стоят близ входа в столовую, таясь за колонною. Альгиста закрыла свое лицо серым покрывалом. Говорят тихо:

МАЛЬГИСТА. Милая дочь моя Альгиста, ты не боишься?

АЛЬГИСТА. Я не боюсь.

МАЛЬГИСТА. Настало время совершить великий наш замысел, увенчать красоту и низвергнуть безобразие.

АЛЬГИСТА. Безобразная и злая, глупая и жадная,

достойная дочь многих поколений королей жестоких и коварных, она веселится и торжествует. Она хочет быть королевою — зачем?

МАЛЬГИСТА. Нет, не Берта хромая, дочь кровожадного короля Коломана, — ты, моя прекрасная Альгиста, достойна быть королевою.

АЛЬГИСТА. Я буду королевою. И не будет Альгисты, и забудется имя Альгисты, — а я буду королевою.

МАЛЬГИСТА. Может быть, последний раз называю я тебя моею дочерью. Дай же мне еще раз поцеловать лицо моей Альгисты, цветущие розами уста моей милой дочери. Завтра я склонюсь пред тобою, как рабыня перед госпожой.

Альгиста быстро откидывает покрывало. Любуется ею мать, целует её прекрасное лицо. Альгиста закрывается.

АЛЬГИСТА. Я стояла здесь долго одна, прячась в темном углу за столпами. Здесь, передо мною, после венчального торжества, с королем прощались рыцари, привезшие королевну нашу Берту. Ушли, уехали, и теперь только мы две остались при ней. Потом смотрела я, как здешний король, и Берта, и гости вошли в тот зал и сели за стол. Сидят и пируют, а я стою одна и смотрю. С моего места видно мне лицо короля, и рядом с ним БЕРТА.

МАЛЬГИСТА. Госпожа наша Берта, следуя древнему обыкновению, сидит, покрытая левантскою тканью, расшитою золотом.

АЛЬГИСТА. Пусть Берта закрыта своею златотканною вуалью, — я знаю, я помню её изрытое оспою лицо, я знаю, что одна нога госпожи моей короче, чем другая, и хитро сделанными золотыми каблуками она скрывает это.

МАЛЬГИСТА *тихо смеётся и говорит шепотом*. Много

пышных обрядов придумали владыки, чтобы возвеличить себя выше нас. Их тщеславие и нам иногда на пользу. Король Хлодовег еще не видел лица госпожи нашей.

АЛЬГИСТА. Я знаю. Хотели обмануть здешнего короля. Увидел бы завтра утром, да уж поздно было бы. Не прогонишь разделившую ложе, хоть бы и противна она была.

МАЛЬГИСТА. Нет, мы дадим ему жену прекрасную и мудрую. Он упился вином. Сейчас он не увидит её лица во мраке опочивальни, а потом не поймет, кто чем его обманул.

АЛЬГИСТА. Обман и коварство не нами начаты. Владыки увенчанные и сильные открыли путь коварства и зла.

МАЛЬГИСТА. Пир кончается. Уйду. Не надо, чтобы меня увидели с тобою.

Поспешно целует Альгисту и уходит. Из столовой выходит паж ЛИНГАРД.

ЛИНГАРД. Устал. Хоть на пол сесть. Легко сказать, — с утра на ногах.

Идёт в тот угол, где Альгиста.

ЛИНГАРД. Да тут кто-то есть. Кто ты?

АЛЬГИСТА, *притворно глухим голосом.* Я служанка королевы Берты, Альгиста.

ЛИНГАРД. Что ты тут делаешь впотьмах? Пировала бы с другими девушками. Они все пьяны. Или и ты устала? Отдохнем, посидим вместе.

Обнимает Альгисту, хочет поцеловать.

АЛЬГИСТА. Поди прочь, или я закричу.

ЛИНГАРД. Недотрога! Разве я тебе противен?

АЛЬГИСТА. Ты красив, но сегодня нам некогда целоваться. Да и нельзя. Сейчас пойдут из-за стола, и я должна буду раздеть госпожу нашу Берту и погасить огни в опочивальне, чтобы не разглядел король раньше времени, чего не надо.

ЛИНГАРД. А чего не надо?

АЛЬГИСТА. Чего не надо? Не хорошо будет, если новобрачный увидит раньше времени рябое лицо королевы. Пожалуй, прогонит! Скажет, — уходи, пока ты еще дева.

Притворно смеётся.

ЛИНГАРД. Так Берта, говоришь, рябая?

АЛЬГИСТА. Как кукушка. И хромая.

ЛИНГАРД *смеётся.* Значит, короля обманули?

АЛЬГИСТА. Да. Но ты пока молчи.

Отходит, притворно хромая.

ЛИНГАРД. А ты зачем закрылась? Да и ты, никак, хромая? По госпоже и служанка!

АЛЬГИСТА. Что ты! Я никогда не хромала.

Прислоняется к стене.

ЛИНГАРД. Дай-ка я сам посмотрю. Уж и ты не рябая ли?

Хватается за её плащ. Альгиста кричит пронзительно громко.

ЛИНГАРД. Дура, с тобою в петлю попадешь.

Убегает. Из залы выходят король, Берта, рыцари, дамы, пажи, слуги и служанки.

КОРОЛЬ. Кто-то кричал здесь о помощи. Кто осмелился потревожить наш светлый и радостный пир? Найти и поставить дерзкого перед нами.

Альгиста вмешивается в толпу королевских служанок.

Пажи и слуги с нестройным шумом и восклицаниями мечутся по сеням. Рыцари стоят в воинственных и несколько смешных позах, грозно вращая глазами; лица их красны от обильно выпитого вина.

КОРОЛЬ. Ты испугана, милая моя супруга Берта? Ты дрожишь?

БЕРТА. Нет, господин мой, рядом с тобою я ничего не боюсь.

КОРОЛЬ. Кто-то с пьяных глаз поднял крик и, сам испуганный своей дерзостью, скрылся. Для нашей радости прощаем дерзкого. Верные слуги наши, оставьте ваши поиски женщины, проводите королеву в нашу опочивальню.

Берта, дамы и служанки уходят в опочивальню, и с ними Альгиста.

КОРОЛЬ. А мы, друзья, вернемся за стол и выпьем последнюю чашу.

Король, рыцари, пажи и слуги уходят в столовую. Дамы, проводившие королеву в опочивальню, возвращаются и уходят по боковой лестнице налево. Сени пустеют. Из столовой слышны громкие крики, нескромные песни, пьяный хохот. По боковой лестнице осторожно поднимается Мальгиста. Осматривается. Крадется к дверям опочивальни. Прислушивается. Быстро уходит, прячась за колоннами. Из опочивальни выходят служанки. Смеются. Говорят пьяными голосами:

СЛУЖАНКИ:

— Какая скромная!

— Не хотела при нас раздеваться.

— Даже лица не открыла.

— Только свою молодую служанку оставила.

— Да и та странная, — закрылась покрывалом и

молчит.

— Старая Мальгиста шепнула мне потихоньку, что её дочь — рябая.

— И хромая, будто бы, и потому носит башмаки с разными каблуками, один высокий, другой низкий.

— Все равно увидим, — не век же им прятаться под своими длинными вуалями.

Уходят вниз по лестнице. Из опочивальни выходит Альгиста, босая, в сорочке, покрытая большим темным плащом. Разрезывает кинжалом кожу на груди. Отходит в темный угол и, полузакрывшись плащом, ложится. Из столовой выходит король, сопровождаемый шумною толпою. Короля провожают до опочивальни.

КОРОЛЬ. Друзья, благодарю вас за то, что вы разделили мой торжественный пир и веселили меня и королеву веселыми песнями и благопристойными шутками. Теперь идите спать, оставив здесь стражу, и да благословит нас всех Бог.

Рыцари, пажи и слуги кричат громко и нестройно:

— Да хранит Бог короля и королеву на многие годы! Да пошлёт он счастья королю, и королеве, и наследнику! И наследника! Счастливой ночи, государь! И удачной!

Король уходит. Рыцари унимают шумливых и смешливых пажей. Уходят. У дверей опочивальни остаются два вооруженные рыцаря. Разговаривают шепотом. Потом дремлют, прислонясь к колоннам и опершись на свои копья. Некоторые факелы гаснут. В тишине слышатся шорохи и шелесты. Альгиста стонет. Рыцари встрепенулись.

ПЕРВЫЙ. Здесь кто-то есть.

ВТОРОЙ. Помнишь, кто-то закричал, когда еще сидели за столом?

ПЕРВЫЙ. Здесь лежит женщина.

Они нагибаются к Альгисте.

АЛЬГИСТА *(со стоном).* Помогите!

Рыцари освещают её факелом.

ПЕРВЫЙ. Красавица!

ВТОРОЙ. Кто-то полоснул её ножом в грудь.

ПЕРВЫЙ. Слабый удар. Красавица испугана, но не опасно ранена. Плохой удар, точно ребенок или женщина.

ПЕРВЫЙ. Кто ты, красавица?

АЛЬГИСТА. Берта.

ВТОРОЙ. Она Берту зовет.

АЛЬГИСТА. Я Берта.

ПЕРВЫЙ РЫЦАРЬ. Королева?

АЛЬГИСТА. Да.

ПЕРВЫЙ. Но королева с королем в опочивальне. Ты бредишь, красавица.

ВТОРОЙ. Она опять закрыла глаза.

ПЕРВЫЙ. Что же нам с нею делать?

ВТОРОЙ. Позовем сенешаля.

ПЕРВЫЙ. Хорошо ли будет, если все сразу узнают эту темную и странную историю?

ВТОРОЙ. Что же делать?

ПЕРВЫЙ. Постучимся к королю. Он нас похвалит за скромность. Может быть, эту красавицу или кого другого понадобится убрать без шума, чтобы никто и не узнал, что тут было.

ВТОРОЙ. Пожалуй, что так.

Отходит от Альгисты. Альгиста громко стонет. По сцене пробегает Мальгиста, вопя:

— Где дочь моя Альгиста? Альгиста, Альгиста, где ты?

Убегает. За сценой слышны её вопли. Вбегают рыцари, женщины и пажи. На шум выходит король.

КОРОЛЬ. Что здесь?

Восклицания, шум.

АЛЬГИСТА. Господин мой, Хлодовег, спаси меня!

КОРОЛЬ. Кто эта женщина?

ПЕРВЫЙ РЫЦАРЬ. Она лежала здесь в темном углу, раненая кем-то. Мы спросили ее, она сказала нам, что она королева Берта.

КОРОЛЬ. Что она говорит! Королева в опочивальне покоится на моем ложе.

АЛЬГИСТА *(слабым голосом)*. Раздели, ушли. Одна осталась. Закрывала лицо. Но я её узнала. Ударила меня кинжалом. Вытащила меня сюда. Рабыня моя Альгиста замыслила на меня злое.

КОРОЛЬ. Что ты говоришь, несчастная! Неужели с рабынею разделил я мое ложе!

АЛЬГИСТА. Горе мне! Я умираю, я, дочь короля, я, супруга короля, я, юная и прекрасная, а она, — моя рабыня, рябая и хромая девка Альгиста будет королевою! Лежу на камнях, а рабыня моя на моем ложе!

КОРОЛЬ. Женщины, войдите в мою опочивальню, оденьте королеву, и приведите её сюда, — и здесь королева уличит обманщицу, и правда воссияет ярче солнца.

МАЛЬГИСТА, *вбегая*. Добрые люди, скажите, где моя дочь Альгиста?

КОРОЛЬ. Посмотри, не это ли твоя дочь, раненая кем-то.

МАЛЬГИСТА. Альгиста, дитя мое, кто тебя обидел?

Бросается к Альгисте. Всматривается. Вскакивает с громким криком. Отходит. Опять бросается на колени перед Альгистою.

МАЛЬГИСТА. Милая госпожа моя Берта, что с тобою? Зачем ты лежишь здесь, на холодных камнях, полунагая? За что твой супруг отторг тебя от своего ложа?

АЛЬГИСТА. Верная моя Мальгиста, какое горе! Какой стыд! Твоя дочь, раздевая меня, ударила меня кинжалом. Как мертвая упала я к её ногам. Она вытащила меня сюда, бросила в темный угол и сама ушла на мое ложе.

МАЛЬГИСТА. О, горе мне! Безумная Альгиста, что ты замыслила!

Берта выходит из опочивальни, и женщины с нею.

МАЛЬГИСТА. Несчастная дочь моя, безумная Альгиста! Зачем подняла ты руку на свою госпожу?

ЛИНГАРД. Так вот зачем она уверяла меня, что королева — рябая и хромая!

ПЕРВЫЙ РЫЦАРЬ. Когда? Что ты говоришь?

ЛИНГАРД. Подожди, я все расскажу королю.

БЕРТА. Мальгиста, что ты говоришь! Или горе помутило твой разум? Вот лежит дочь твоя Альгиста, раненая кем-то.

МАЛЬГИСТА. О, коварная! Ты — Альгиста, ты — моя дочь, а здесь лежит госпожа наша.

БЕРТА. Убить её ты замыслила, но она еще жива и уличает тебя, преступница!

КОРОЛЬ. Кому же верить?

БЕРТА. Я — Берта, дочь короля Коломана.

АЛЬГИСТА. Я — королева Берта.

БЕРТА. Я с тобою венчалась, Король.

АЛЬГИСТА. Я с тобою венчалась, Хлодовег.

БЕРТА. Я сидела с тобою за пиршественным столом.

АЛЬГИСТА. Я, сидя за столом, просила: «Господин мой, поцелуй мои плечи».

БЕРТА. Я говорила эти слова.

АЛЬГИСТА. Вслух?

БЕРТА. Я шептала их на ухо моему господину.

АЛЬГИСТА. Как же я могла бы их услышать?

БЕРТА. Мальгиста научила тебя.

АЛЬГИСТА. Никто меня не учил, я хотела, чтобы приласкал меня господин мой.

БЕРТА. Верните рыцарей, которые привезли меня, — они скажут...

АЛЬГИСТА. Король, тебе рассказывали, конечно, послы моего отца, что я прекрасна?

КОРОЛЬ. Да. Разве взял бы я урода!

АЛЬГИСТА. Король, смотри, какая я красивая, смотри, какая она рябая.

БЕРТА. Да, но я — королева, а ты, красавица Альгиста, моя служанка.

АЛЬГИСТА. Смотри, король, у неё одна нога короче другой.

БЕРТА. Я хромая, но королева.

АЛЬГИСТА. Король, разве послы моего отца говорили тебе, что Берта — рябая и хромая?

КОРОЛЬ. Нет. Я и не взял бы в жены хромую и рябую, и не думал, что король Коломан меня обманет.

Альгиста притворяется потерявшей сознание.

МАЛЬГИСТА, *склоняясь над нею*. Милая моя госпожа!

БЕРТА. Сеть обмана, широкая сеть обмана раскинута надо мною. Кто поможет мне разорвать вязкие петли обмана? Кому крикну: «Помогите»? Оставили меня жертвою обмана.

КОРОЛЬ. Вижу, кто из двух — обманщица. Но скажите, бароны и рыцари, как по вашему, кто королева?

Рыцари. Эта прекрасная раненая дама.

КОРОЛЬ. Кто обманщица?

Рыцари. Эта рябая и хромая женщина.

КОРОЛЬ. Что сделать с нею?

МАЛЬГИСТА. Король, прости мою дочь! Враг человека помутил её мысли. За мою верность королеве прости мою дочь.

КОРОЛЬ. Уведите её далеко в лес, и да будет над нею воля Господня. А её мать...

АЛЬГИСТА. Король, оставь при мне эту верную женщину. Видишь, родную дочь уличила она, — истинно верная душа!

КОРОЛЬ. Да будет, как ты хочешь, милая королева.

БЕРТА. Бедный король, ты поверил обману.

Берту уводят. Альгисту поднимают и несут в опочивальню. Люди уходят. Слышен бесстрастный голос:

— Проходит ночь. День. Ночь. День. Ночи и дни. Годы. Во мраке времен проходят быстро годы. Десять лет.

Действие второе

Те же сени. День. Из средних дверей стремительно выходит Альгиста. На ней торжественный наряд королевы. Она беспокойно мечется по сеням. Мальгиста выходит за нею. Слышен конец песни.

Баллада Этельберта

И вот король поверил
Седому колдуну,
И выгнал он за двери
Любезную жену.

Обманутые славят
Отродье колдуна,
И королевством правят
Волшебник и она.

А где же королева?
Она в лесу глухом.
Вернется ль королева?
О том спою потом.

АЛЬГИСТА. Король заметил?

МАЛЬГИСТА. Нет, госпожа, — все заслушались песен

захожего певца.

АЛЬГИСТА. Ты узнала его?

Мальгиста молчит.

АЛЬГИСТА. Что же нам делать?

МАЛЬГИСТА. Он ничего не посмеет сказать. Не станет же он говорить, что король Коломан, отец Берты и его отец, — обманщик.

АЛЬГИСТА. Мне страшно!

МАЛЬГИСТА. Не бойся, милая дочь моя.

АЛЬГИСТА. Нет, даже не страшно, я устала. Я думала не то. Я верила, что люди хотят свободы и света. Как настойчиво, как хитро, ночью и днем, повторяла я королю одно и то же всеми словами, какие находила! Он мне верил, он наконец научился думать по-моему. Но он ничего не может сделать, кроме того, что делали его предки: воевать, судить, награждать. Ничего дерзкого. Господа хотят властвовать, — это я понимаю. Но народ, — все эти простые люди, земледельцы и ремесленники, о, как они хотят быть рабами! Только рабами.

МАЛЬГИСТА. Все говорят, что при тебе король стал милостив к народу, щедр к своим слугам, справедлив для всех, прибегающих к его суду. Народ благословляет имя твое, милая королева наша Берта.

АЛЬГИСТА. Прославляют имя Берты! Но откроется правда, узнает король мое имя, — прославит ли он сладкое имя Альгисты?

МАЛЬГИСТА. Король не узнает.

АЛЬГИСТА. Узнает.

МАЛЬГИСТА. И узнает, да не поверит.

АЛЬГИСТА. Идут.

Мальгиста отходит от неё и становится за колонною. Альгиста становится впереди сеней, в полуоборот к средним дверям, так что её лицо в тени. Из залы выходит король, принц Этельберт в одежде захожего певца, рыцари, дамы и пажи.

КОРОЛЬ. Милая Берта, свет моих очей, зачем ты ушла от нас? Он спел нам еще две песни, одну лучше другой.

АЛЬГИСТА. Велико искусство захожего певца. Кто бы из людей мог петь так сладко и так коварно? Не силою ли нечистого беса внушены ему его хитрые напевы?

КОРОЛЬ. По всему видно, что он человек благочестивый.

АЛЬГИСТА. Враг человека и в рясе приходит. У меня от его злых песен закружилась голова.

КОРОЛЬ. Прости, милая Берта, я думал, что тебе приятно. Певец, возьми это золото и иди отдыхать. Хороши твои песни, велико твое искусство, и боюсь, — не чародейная ли в нем сила.

ЭТЕЛЬБЕРТ. Моя сестра поёт лучше, и если от моих песен ушла милостивая госпожа Берта с королевского светлого пира, то пение сестры моей утешит королеву.

КОРОЛЬ. Где же твоя сестра?

ЭТЕЛЬБЕРТ. Здесь, ждёт на дворе. Если позволишь, король, я приведу ее.

КОРОЛЬ. Приведи.

ЭТЕЛЬБЕРТ, *проходя мимо Альгисты*. И девка Альгиста в королевах.

АЛЬГИСТА. Сын обманщика идёт с обманом на обман.

ЭТЕЛЬБЕРТ. Бичу и розгам предадут прекрасное тело, и позорной смерти.

Уходит.

КОРОЛЬ. Что бормотал тебе захожий певец?

АЛЬГИСТА. Непонятные слова. Он одержим нечистым духом, и ум его охвачен злыми, жестокими видениями. Мерещатся ему измены, обманы, кровь, муки и смерть. Напрасно велел ты ему позвать его сестру. Если и она такая же, наведут они на тебя, милый мой господин, и на меня, бедную, злые чары.

КОРОЛЬ. Так пусть скажут им, чтобы они не входили.

Но едва король начал говорить, по средней лестнице уже стремительно поднималась Берта с мальчиком, а за ними ЭТЕЛЬБЕРТ.

КОРОЛЬ. Милый певец, усладили наш слух твои песни. Верю, что еще искуснее и приятнее пение и голос твоей сестры, — но королева устала и не может слушать песен. А ты, искусница, не досадуй, что напрасно ожидала своей очереди петь. Возьми это золото и удались, может быть, мы с королевою призовем тебя завтра.

БЕРТА. Устала и я, королева Берта. Изгнанная тобою, милый супруг, потому что обманщице Альгисте поверил ты больше, чем мне, скиталась я долго по дремучим лесам, по крутым горам, по широким долам. Рыскучие ветры меня обвевали, частые дожди меня мочили, красное солнце меня палило, колючие кустарники рвали мою одежду и царапали мое тело, о песок и о камни изранила я мои ноги. В поле под стогом родила я тебе, король, сына. Повила его нищая старуха, окрестила я его в бедной деревенской церкви, назвала его Карлом, и будет он королем великим. Возьми его, милый король, и меня не гони с твоего ложа.

АЛЬГИСТА. Спела ты, певица, свою песню, хоть и не хотели тебя слушать. Ну что же, пой себе дальше, — о себе спела, обо мне пой.

БЕРТА. Ты — моя служанка Альгиста. Вон там, за столом, прячется, бледная от злобы и от страха, твоя мать Мальгиста.

ЭТЕЛЬБЕРТ. Милая Берта, не унижай себя спором с рабынею. Король, узнай, что я — Этельберт, сын короля Коломана, брат твоей несчастной супруги Берты, которую ты изгнал, обманутый злою Альгистою.

АЛЬГИСТА. Он — безумный, и сестра его такая же.

ЭТЕЛЬБЕРТ. Со мною рыцари, привезшие десять лет назад Берту. Ты их узнаешь, и они скажут тебе правду.

Трубит в золотой рог. По средней лестнице всходят двенадцать рыцарей.

ЭТЕЛЬБЕРТ. И вот, король, грамота от короля Коломана.

Подаёт королю грамоту. Король берёт её.

КОРОЛЬ. Канцлер, распечатай эту грамоту, и мы прочтём её, как надлежит читать королевские послания, стоя на королевском нашем месте. А теперь ты, захожий певец, называющий себя принцем Этельбертом, скажи нам еще раз, утверждаешь ли ты, что вот эта женщина, пришедшая с тобою, — она то и есть прекрасная Берта, дочь короля Коломана.

ЭТЕЛЬБЕРТ. Да, это — королева Берта, твоя жена и дочь моего отца, короля Коломана.

АЛЬГИСТА *смеётся*. Прекрасная Берта! Красавица! Смотри, король, какой у неё большой рот! Какая она рябая! И одна нога у неё длиннее другой.

БЕРТА. Ты все это хорошо помнишь, Альгиста, — да и тебе ли не помнить! Ты одевала и обувала меня.

ЭТЕЛЬБЕРТ. Сестра моя была прекрасна, но злыми чарами по дороге сюда испортила её Альгиста. Смотри, король, как сестра моя похожа на меня.

АЛЬГИСТА. Такой же рыжий урод, как и она.

ЭТЕЛЬБЕРТ. Однако девушки моей родины, да и в

других странах, засматривались на меня, и любая из них...

АЛЬГИСТА. Золотом брякнешь, — распутная девка виснет на шею.

ЭТЕЛЬБЕРТ. Король, допроси моих спутников. Может быть, ты припомнишь их лица.

КОРОЛЬ. Вернемся в наш королевский чертог, прочтем эту грамоту, рассмотрим дело и решим его по совести. И грозен будет суд наш для замысливших обман.

Уходит в среднюю дверь. За ним все, кроме Альгисты и Мальгисты.

МАЛЬГИСТА, подходя к дочери. Милая госпожа, иди на свое место рядом с королем. Ничего не бойся. Не сознавайся. Король тебя любит и только тебе поверит.

АЛЬГИСТА. Останусь здесь. Я устала. И не хочу быть Бертою.

МАЛЬГИСТА. Что ты говоришь, безумная! И себя, и меня погубишь.

АЛЬГИСТА. Разве я не прекрасна? Разве я не была ему верна? Разве у меня нет ему сына? Видела ты? Притащили сюда чахлого выродка, а мой сын, мой сын, — сильный, прекрасный, мой сын, о Хильперик!

МАЛЬГИСТА. Видишь, все за тебя, милая дочь моя. Так не бойся, иди смело, займи свое место, король только тебе поверит.

АЛЬГИСТА. Настал час последнего испытания. Если он меня любит, если долгие дни и сладкие ночи нас навеки сковали, то он меня не отвергнет и увенчает Альгисту. Иду, открою мое имя.

МАЛЬГИСТА. Безумная, невозможное ты замыслила.

АЛЬГИСТА. Иду.

Идёт к дверям в зал. Мальгиста её удерживает.

Краткая борьба.

АЛЬГИСТА *кричит*. Король, я — Альгиста!

Быстро входит в зал. Мальгиста бежит за нею.

За сценой.

КОРОЛЬ. Альгиста?

Шум. Отдельные возгласы.

АЛЬГИСТА. Я — Альгиста. Вот, Хлодовег, я перед тобою, суди меня, как хочешь, казни или милуй, — но вспомни, вспомни, король, как была я тебе…

КОРОЛЬ. Молчи! Обманщица и рабыня опозорила мое ложе!

Рыцари и дамы. Обманщица! Рабыня! Смерть ей!

АЛЬГИСТА. Милый король мой Хлодовег, я была тебе верною женою.

КОРОЛЬ. Молчи! Позорной смерти…

АЛЬГИСТА. Хлодовег, милый супруг мой Хлодовег…

КОРОЛЬ. Женщины, заставьте её молчать.

Альгиста глухо вскрикивает. Шум, восклицания. Выделяется один голос:

— Замолчите! Король произносит свой грозный приговор.

КОРОЛЬ. Снять с обманщицы венец, ожерелье и одежду королевы. Ты, любезная королева Берта, займи свое место. Обманщицу позорной и лютой казнить смертию перед народом, — бичу и розгам предать, обнажив её тело… и сечь до смерти, и тело бросить в ров на съедение собакам. И мальчишку бить и повесить. А мы с тобою, королева, пойдем и с высокого будем смотреть балкона на её муки и слушать её вопли.

Заглушенные возгласы Альгисты. Вопли Мальгисты.

Смех. Шум. Крики. Шум постепенно возрастает. Слышен грубый хохот. Рыцари, дамы, пажи, слуги и служанки начинают выходить из зала. В их толпе крики.

Рыцари, дамы, пажи, слуги и служанки:

— Обманщица уличена!

— Эта простая девка Альгиста.

— С неё сорвали все уборы, и возложили на настоящую королеву.

— Где её будут наказывать?

— Здесь, на дворе, среди этого народа, который пришел смотреть на зрелище.

— Смотрите, её уже раздевают.

— Обманщицу казнят сегодня же.

— Лютою и позорною смертью.

— Её высекут до смерти розгами и бичами из воловьей кожи.

— И её мальчишку повесят.

— Я плюнул ей прямо в глаза!

— Я надавал ей пощечин!

— На ней одна рубашка, но мы её сейчас сорвём.

— Ведут, ведут!

Из дверей зала выводят Альгисту. Все толпятся вокруг нее, хохочут, кричат, издеваются. Её ведут по широкой лестнице вниз в партер, где двор замка. Сени окутываются мраком. Слышен вопль Мальгисты.

МАЛЬГИСТА. Добрые люди, добрые люди, спасите дочь мою Альгисту!

Действие третье

Те же сени. Ночь. Слышен вой собак. Полная луна бросает ясную полосу света на верхние ступени и на край площадки, оставляя остальное место в тени.

Сени сначала пусты. Потом по боковой лестнице медленно поднимается МАЛЬГИСТА. Несёт на плечах тело Альгисты, полунагое, едва прикрытое окровавленною и изорванною одеждою. Положила Альгисту на место, озарённое луною, села над нею, плачет, тихо причитает:

МАЛЬГИСТА. Дочь моя, дочь моя! Забили, замучили. Долго хлестали беспощадные бичи, и хохотали слуги и мальчишки. И умерла моя Альгиста. И бросили её в ров замка на съедение собакам, — но псы не тронули её, и выли над её телом, выли в тоске над телом ласковой госпожи. И поднималась луна, и выли псы, и тоска моя восходила к небу.

Плачет, точно воет. Слышен вой собак. Мальгиста поднимается тихо и уходит, причитая.

МАЛЬГИСТА. К холодной луне и к ясному небу восходит моя тоска. Воют псы, нюхая кровь ласковой госпожи, — и я завою на месте, где в землю впиталась её обильно пролитая кровь.

Ушла. Альгиста поднимается, зовёт.

АЛЬГИСТА. Спящие, встаньте!

Все тихо. Альгиста падает. Мальгиста возвращается. Несёт ребенка. Положила его рядом с Альгистою. Села над ними и плачет, причитает.

МАЛЬГИСТА. И невинного не пощадили отрока. Избили, измучили, убили, бросили с матерью рядом. О,

Альгиста, Альгиста, дочь моя!

Альгиста приподнимается и вскрикивает.

АЛЬГИСТА. Спящие, встаньте!

Мальгиста склоняется над нею, спрашивает её тихо.

МАЛЬГИСТА. Дочь моя, милая, ты жива?

АЛЬГИСТА. В этот страшный час только мертвые живы.

За окном слышна перекличка часовых. Кто-то поднимается по лестнице сбоку и заглядывает в сени. Замок мало-помалу наполняется тихими, все возрастающими, шорохами, шумами.

МАЛЬГИСТА. Дочь моя, скажи мне, ты не умерла? Ты жива?

АЛЬГИСТА. Близок час последнего испытания.

МАЛЬГИСТА. Или из мертвых встала ты, разбуженная силами ворожащей в тихом небе или таинственным шепотом блуждающей около ночных распутий?

АЛЬГИСТА. Смотри, — вот два пути, — он изберет один из них. Жива ли я, мертва ли я...

Медленно поднимается и зовет.

АЛЬГИСТА. Жив ли ты, мертв ли ты, сын мой Хильперик, встань!

Мальчик поднимается. В свете луны видны бледные лица Альгисты и мальчика и окровавленные их одежды. Альгиста обращается лицом к дверям, ведущим в королевскую опочивальню, и кричит голосом громким и диким, наполняющим всю громаду здания:

АЛЬГИСТА. Спящие, встаньте!

В замке слышен шум, смятение, крики, звон оружия. Через сени пробегают слуги, пажи, рыцари, женщины. Сени наполняются смятенным народом. Слышны восклицания:

— Кто здесь так громко кричал?

— Что случилось?

— Враги напали?

— Не мертвые ли встали?

— Не трубу ли архангела мы слышали, зовущую на страшный суд?

— Страшно!

— Дивные дела здесь творятся!

— Пролитая кровь вопиет к небу.

Темно.

— Где факелы?

Кто-то вносит факел, потом другой, еще и еще. Люди с факелами беспорядочно мечутся по сеням... Иные факелы вставлены в кольца. Люди кричат:

— Смотрите, здесь Альгиста!

— Замученная королева встала!

— И её сын!

— Горе нам, не злое ли совершили мы здесь дело?

МАЛЬГИСТА. Горе вам, — злое вы совершили здесь дело, прекрасный вы разбили сосуд и многоценное пролили вино!

Возрастающим светом факелов все более освещаются сени. Альгиста и её сын у края лестницы, остальные теснятся к стенам и колоннам. Выходит король, Берта и Этельберт. Хлодовег и Берта едва одеты, но на головах их короны. В руке короля обнаженный меч. Шум затихает. Все, кроме короля, останавливаются неподвижно и смотрят на Альгисту.

МАЛЬГИСТА. Милая дочь моя Альгиста, скажи ему сладкие слова любви.

АЛЬГИСТА. Король, злое ты совершил дело, но моя любовь тебя прощает. Оставь эту чужую, иди за мною, иди к жизни светлой и свободной.

КОРОЛЬ. Кто ты? И зачем ты здесь? Если ты жива, сокройся от нашего праведного гнева. Если ты от мертвых встала, вернись к своему покою, и живущих на земле не тревожь ночными явлениями.

МАЛЬГИСТА. Милая дочь моя Альгиста, зови его, чтобы он шел за тобою.

АЛЬГИСТА. Милый господин и супруг мой Хлодовег, я — твоя Альгиста. Я люблю тебя, я пришла к тебе призвать тебя ко мне. Иди ко мне, иди за мною.

КОРОЛЬ. Ты меня обманула.

АЛЬГИСТА. Я была верна тебе, я останусь верна тебе до конца.

БЕРТА. Король, убей волшебницу.

АЛЬГИСТА. Хлодовег, скажи мне, любил ли ты меня?

КОРОЛЬ. Любил.

АЛЬГИСТА. Скажи мне, любишь ли ты меня?

КОРОЛЬ. Люблю.

АЛЬГИСТА. Иди же за мною.

КОРОЛЬ. Муки ли заслуженной тобою кары помрачили твой разум? Или воздвигнутая злыми чарами пришла ты к нам? Скажи нам, кто же ты? Полночный призрак или живая Альгиста?

БЕРТА. Король, зачем же в руке твоей меч? Вонзи его железо в злое сердце обманщицы.

МАЛЬГИСТА. Милая дочь моя Альгиста, очаруй его сладкими словами любви, таинственные скажи ему заклинания.

АЛЬГИСТА. Господин мой, к Тебе пришла я, — возьми меня так, как ты сам хочешь, живою или мертвою. Властью моей безмерной любви, силою моих нестерпимых мучений, над жизнью и над смертью торжествующею моею волею купила я у земли, и у неба, и у темного подземного мира твое тело, и твою душу, и твою полночную тень. Вот, я перед тобою, едва жива, едва мертва, дыханием едва дышу, тлением едва тлею, на страшном колеблюсь перекрестке, кровь моя в сырой земле, и голос мой в луне ворожащей, — и я зову тебя: иди ко мне, избери наш путь к жизни или к смерти по своей воле, иди со мною живою, люби меня, — или останься здесь, но и здесь со мною, с мертвою мною. Люби меня, господин мой и супруг, навеки мой, люби меня.

КОРОЛЬ. Обманом ты взошла на мое ложе, ты похитила имя и честь королевы.

БЕРТА. Она — чаровница. Скорее пронзи её мечом.

АЛЬГИСТА. Когда ты меня любил, когда ты меня ласкал, когда ты нежные шептал мне слова, что нам были и блеск твоей короны и твоя верховная власть! Не напоила ли я тебя всеми сладостями любви? Не всякую ли твою радость я прославила светлым моим весельем? Не всякую ли твою печаль я растворила в моих слезах? Не была ли я тебе ясным небом, и прохладною тенью, и птицей-щебетуньей, и звонко-лепечущим ручьем? Мои белые, мои голые руки легче королевского ложились ожерелья на твои утомленные плечи. Слаще фалернского вина были тебе знойные поцелуи моих алых губ. Ярче многоцветных алмазов и рубинов твоей короны сияли тебе мои очи. Не была ли я прекраснее всех королев? И не ты ли говорил, что я — мудрейшая из жен, что слова мои падают, как золото, на легкий пепел речей старейших твоих вельмож?

КОРОЛЬ. Ты была прекрасна и мудра, и я тебя любил. Но минувшее невозвратно. Удались.

БЕРТА. Пронзи мечом.

АЛЬГИСТА. Я не уйду от тебя. Мы соединены навеки тайною силою моей любви.

КОРОЛЬ. Вот жена моя, королева Берта, — под охраною верных в своей светлице почивает сын наш и наследник Карл, — тебе и твоему сыну нет места между нами.

АЛЬГИСТА. А ты меня любишь?

КОРОЛЬ. Люблю.

АЛЬГИСТА. Так пусть останутся здесь королева Берта и юный Карл. Отдай ему свою корону, иди за мною. Я открою тебе счастливый и вольный мир, я уведу тебя в долину меж дальних гор, где нет владык и рабов, где легок и сладок воздух свободы.

КОРОЛЬ. Безумны твои речи. Я — король.

БЕРТА. Убей.

АЛЬГИСТА. Хлодовег, твоя судьба в твоих руках. Смотри, гаснут факелы. Слушай, — за окном воют чуткие псы, обнюхивая на тонкой дорожной пыли неведомый след. Смотри, король, как все тихо, темно и неподвижно вокруг тебя. Слышишь, они молчат, и только мои слова падают во тьму перед тобою.

КОРОЛЬ. Безумная, уйди. Пажи, уведите ее.

Все вокруг короля неподвижны и смотрят на Альгисту.

АЛЬГИСТА. Здесь только я, вся жизнь и вся смерть во мне, — а выбор твой, Хлодовег, мой милый господин и супруг. Приближается последний миг. Судьба не ждет. В последний раз говорю тебе: иди за мною, со мною иди к жизни, только со мною жизнь, — а там, где цепенеешь ты, король, в безумии своей короны, в своей кровавой мантии, — там смерть. Иди за мною, сними свой венец.

КОРОЛЬ. Я не пойду за тобою. Я король. Удались, безумная. Из-за окон слышны удары церковного колокола.

АЛЬГИСТА. Час настал. Хлодовег, твой выбор сделан. Ты не уйдёшь? Нет?

КОРОЛЬ. Нет.

МАЛЬГИСТА. Холодным камнем среди камней стоит он перед тобою, Альгиста. Альгиста, змеиноокая дочь моя, страшными очаруй его словами, вечной обреки его неподвижности.

АЛЬГИСТА. Холодным камнем среди камней стоишь ты передо мною! Каменей, король, холодным камнем стой, пока не изгложет и тебя время.

Альгиста падает у ног короля. Её сын падает на её труп. Король и остальные стоят неподвижно. Слышен бесстрастный голос:

— Смотрите, — умерла Альгиста, умер Хильперик. Неутешная навеки над ними мать. Смотрите, — окаменел Хлодовег и бывшие с ним. Смотрите, — они стоят, уподобясь иссеченному из камня изваянию. Смотрите, — плоскою картиною становится зрелище окаменелой жизни, и меркнет луна, и всякий свет бежит от этого места, и черным облаком смерти закрывается громада надменного чертога. И верьте, — Смертию побеждает Любовь, Любовь и Смерть — одно.

Примечание

Содержание этой трагедии заимствовано в общих чертах из предания о королеве Берте Длинноногой, матери Карла Великого. Имя короля изменено с намерением, чтобы оторвать эту трагедию от истории и даже от легенды, которая завязывается несколько иначе и кончается не совсем так, как у меня. Вот как изложена эта легенда в книге Г. Н. Потанина «Восточные мотивы», стр. 5–7:

«Французский король Пепин хочет жениться; пэры едут в Венгрию в город Буду, и просят у венгерского короля его дочь. Король очень польщен этим сватовством, но боится, что Пепин отвергнет невесту, потому что она уродлива: у вся одна нога больше другой. Однако пэры, хотя лично убедились в этом, остались при прежнем решении. Родители отпускают дочь с двумя служанками, старой и молодой; старая — Маргиста, молодая — её дочь Альгиста. Невеста принята в Париже с почетом; наступает ночь, Берта должна идти на брачную постель. Маргиста высказывает опасение, как бы Пепин не убил её; Берта смущена, Маргиста согласна послать вместо неё Альгисту, чтобы спасти принцессу. Берта проводит ночь в комнате Маргисты, а утром крадется в королевскую спальню, чтобы незаметно для короля сменить Альгисту. При её входе Альгиста наносит себе рану ножом и обвиняет Берту в желании убить ее. Король, принимающий Альгисту за Берту, возмущен и велит казнить мнимую Альгисту».

Also available from JiaHu Books:

Chekhov – Short Stories to 1880
English - 9781784351373
Russian - 9781784351212
Dual - 9781784351380
Chekhov – Short Stories of 1881
English - 9781784351489
Лучшие русские рассказы — 9781784351229
Дядя Ваня — А. П. Чехов — 9781784350000
Три сестры — А. П. Чехов — 9781784350017
Вишнёвый сад — А. П. Чехов - 9781909669819
Чайка — А. П. Чехов — 9781909669642
Дуэль — А. П. Чехов — 9781784350024
Иванов — А. П. Чехов — 9781784350093
Шутки - А. П. Чехов — 9781784350109
Остров Сахалин - А. П. Чехов — 9781784351120
Русланъ и Людмила — А. С. Пушкин - 9781909669000
Евгеній Онѣгинъ — А. С. Пушкин — 9781909669017
Пиковая дама, Медный всадник, Цыганы — А. С. Пушкин — 9781784350116
Капитанская дочка — А. С. Пушкин — 9781784350260
Борис Годунов — А. С. Пушкин — 9781784350291
Стихотворения: 1813-1820 — А. С. Пушкин — 9781784350864
Анна Каренина — Л. Н. Толстой — 9781909669154
Детство — Л. Н. Толстой — 9781784350949
Отрочество — Л. Н. Толстой — 9781784350956
Юность — Л. Н. Толстой — 9781784350963
Смерть Ивана Ильича — Л. Н. Толстой — 9781784350970
Крейцерова соната — Л. Н. Толстой — 9781784350987
Так что же нам делать? — Л. Н. Толстой — 9781784350994

Хаджи-Мурат — Л. Н. Толстой — 9781784351007

Царство божие внутри вас... — Л. Н. Толстой — 9781784351113

Записки из подполья — Ф. Достоевский — 9781784350472

Бедные люди — Ф. Достоевский — 9781784350895

Повести и рассказы — Ф. Достоевский — 9781784350901

Двойник — Ф. Достоевский — 9781784350932

Вечера на хуторе близ Диканьки - Николай Гоголь - 9781784351755

Рудин — И. С. Тургенев — 9781784350222

Записки охотника - И. С. Тургенев — 9781784350390

Нахлебник - И. С. Тургенев — 9781784350246

Отцы и дети — И. С. Тургенев - 978178435123

Ася — И. С. Тургенев — 9781784350079

Первая любовь — И. С. Тургенев — 9781784350086

Вешние воды — И. С. Тургенев — 9781784350253

Накануне — И. С. Тургенев — 9781784350512

Мать — Максим Горький — 9781909669628

Человек-амфибия — А. Беляев - 9781784350369

Рассказ о семи повешенных и другие повести — Л. Н. Андреев — 9781909669659

Жизнь Василия Фивейского — Л. Н. Андреев — 9781784351182

Соборяне — Н. С. Лесков - 9781784351939

Леди Макбет Мценского уезда и Запечатленный ангел - Н. С. Лесков - 9781909669666

Очарованный странник — Н. С. Лесков — 9781909669727

Некуда — Н. С. Лесков -9781909669673

Мы - Евгений Замятин- 9781909669758

Санин — М. П. Арцыбашев — 9781909669949

Двенадцать стульев — Ильф и Петров - 9781784350239

Золотой теленок — Ильф и Петров - 9781784350468

Мастер и Маргарита — М.А. Булгаков - 9781909669895
Собачье сердце — М.А. Булгаков — 9781909669536
Записки юного врача — М.А. Булгаков — 9781909669680
Роковые яйца — М.А. Булгаков — 9781909669840
Горе от ума — А. С. Грибоедов - 9781784350376
Рассказы для детей - Д. Хармс - 9781784350529
Евгений Онегин (Либретто) — 9781909669741
Пиковая Дама (Либретто) — 9781909669918
Борис Годунов (Либретто) — 9781909669376
Руслан и Людмила (Либретто) — 9781784350666
Жизнь за царя (Либретто) — 9781784351250
Как закалялась сталь - Николай Островский - 9781784351946
Левша — Николай Лесков — 9781784351953
Тяжелые сны — Федор Сологуб — 9781784351977
Творимая легенда — Федор Сологуб — 9781784351991; 97817843452004; 9781784352011

www.ingramcontent.com/pod-product-compliance
Lightning Source LLC
Chambersburg PA
CBHW031505040426
42444CB00007B/1220